Le sang de mon corps

Après avoir dirigé l'Institut Universitaire d'hématologie et le service clinique des maladies du sang à l'hôpital Saint-Louis (Paris), **Laurent Degos**, professeur d'hématologie à l'Université Denis-Diderot-Paris VII, est aujourd'hui président de la Haute Autorité de santé. Il est déjà l'auteur de deux minipommes *Mon corps : cent mille milliards de cellules* et *Les organes de mon corps*.

Sophie Jansem a publié dernièrement, chez Mango Jeunesse, la série des *Sam, le petit cochon*, mais aussi *Yolande la grenouille aime les habits à la folie* et *Yolande fait son spectacle*. Elle a déjà illustré plusieurs minipommes. Tous ses dessins sont visibles sur son site :
www.sophiejansem.com

relecture : Valérie Gautheron

ISSN 1770-7943
ISBN 9-78-27465-0362-5
www.editions-lepommier.fr
239, rue Saint-Jacques
75005 Paris

Laurent Degos

Sophie Jansem

Le sang de mon corps

Éditions
Le Pommier

Vincent gigote, joue avec le pain, fait des boulettes qu'il envoie sur Marie.

Maman — Finis ta soupe de légumes et mange tes raviolis !

Marie — On ne doit pas jeter la nourriture !

Maman — C'est vrai, et surtout, si tu veux faire du sport à l'école cet après-midi, tu dois vider ton assiette pour avoir des forces.

Vincent — Les légumes et les raviolis, ça ne donne pas des muscles, c'est la gymnastique qui fait les muscles !

Marie — Si tu ne manges pas, tu perds tes forces.

Maman — Et non seulement tu perds ton énergie, mais tu perds aussi tes muscles !

Vincent — Mais comment le ravioli peut-il passer dans le muscle ?

Maman — Par le sang.

Vincent — Par le sang ?

Maman — Eh bien, à la sortie de l'école tu iras voir Oncle Henri ; il t'expliquera tout cela mieux que moi !

Pendant tout le cours de gymnastique, Vincent observe ses veines... mais il ne voit passer ni la soupe ni les raviolis. Maman a dû se tromper : ce qu'on mange reste dans l'intestin et pourtant, si on ne mange pas, on est très fatigué. Mais que vient faire le sang dans cette histoire ?

Qui transporte l'énergie ?

À la sortie de l'école, Vincent rejoint Marie. Sur le chemin du retour, ils frappent chez leur Oncle Henri. Ce dernier passe la tête par la porte :

— Ah ! les enfants ! Vous voulez goûter ?

Oncle Henri leur donne des madeleines et un verre de lait à chacun. Vincent lui pose aussitôt la question qui l'intrigue :

— Comment je pourrais avoir plus de forces et plus de muscles ?

Oncle Henri — Dis-moi ce que tu en penses !

Marie — Maman dit qu'on a plus de forces quand on mange et que les forces passent par le sang.

Vincent — Mais ce qu'on mange, ça reste dans l'intestin ! Et le sang, il est dans les veines !

Oncle Henri — Très bien ! En vérité, votre maman a raison, mais tu as raison aussi, Vincent ! Il faut remettre tout cela en ordre pour mieux comprendre.

Après avoir bu un grand verre de lait, il reprend :

— D'une part, tu as raison, Vincent : le sang coule dans des vaisseaux. Le sang est lancé par le cœur avec une grande pression dans les artères et rejoint toutes les parties du corps pour leur apporter de l'énergie et de quoi fabriquer non seulement du muscle mais aussi tout ce qui fait notre corps. Le sang revient doucement par les veines pour revenir le cœur. Et que transporte le sang ? Tout ce qu'il a pu récupérer à partir de l'intestin après la digestion des aliments. Donc, votre maman a aussi raison !

Vincent — Qu'est-ce que ça veut dire, « digestion » ?

Oncle Henri — Digérer veut dire transformer la viande, les pâtes et les légumes – ceux que tu as mangés à midi – en tout petits morceaux que l'on ne voit même pas au microscope. Regarde, si je prends un sucre et

que je le frotte, ça fait du sucre en poudre. Mais on peut aussi le mettre dans l'eau et, une fois qu'on a bien mélangé, on ne voit même plus le sucre. Et pourtant, il est bien là, car quand tu bois l'eau, elle est sucrée. Eh bien, ta salive fait fondre le sucre en petits morceaux, ton estomac le malaxe en faisant de fortes secousses et déverse un liquide très acide sur ce que tu as mangé. Ces morceaux vont ensuite dans ton intestin, mêlés avec de la bile qui vient de ton foie, ainsi qu'avec des liquides qui viennent de ton pancréas. Les aliments qui servent à notre corps sont ainsi rendus tout petits : ils traversent alors la paroi de l'intestin et arrivent dans le sang.

Marie — Mais il y a des bonnes choses et des mauvaises choses dans ce qu'on mange, et tout va dans le sang ?

Oncle Henri — Voilà une question très intelligente ! Le sang, après son contact avec l'intestin où il a pris des petits morceaux des aliments, rejoint directement le foie qui ne laisse que des produits qui ne sont pas toxiques pour le corps. Ensuite, il arrive dans les veines pour aller dans le cœur et distribuer ces aliments digérés dans tout le corps. J'ai parlé du sucre, mais il y a aussi les graisses et encore ce qui n'est ni du sucre ni des graisses et qu'on appelle les « protéines ».

Vincent — Et quand je fais une course, il me faut de l'énergie tout de suite et ce n'est pas parce que je viens de manger que je fais du muscle. Mon muscle, quand je le mesure avant et après avoir mangé, il a la même taille.

Oncle Henri — Ça alors ! tu as bien réfléchi ! Pour avoir de la force, il faut des muscles forts mais aussi de l'énergie pour les faire fonctionner. Tu as raison, ce sont bien deux choses différentes. Pour faire du muscle, il faut surtout des protéines qui sont dans la viande et dans les légumes. Le muscle se fabrique progressivement, lentement, comme vous quand vous grandissez : on ne le voit pas d'une heure à l'autre, mais on s'en rend compte d'une année à l'autre quand on vous mesure à l'école.

Marie — On se mesure aussi à la maison parce qu'on a une échelle, et on voit qu'on grandit !

Oncle Henri — Oui, donc vous voyez bien que ça ne change pas chaque jour. Par contre, quand vous faites du sport, c'est tout de suite qu'il vous faut de l'énergie pour courir, et là, vous utilisez surtout le sucre, et aussi les graisses, qui sont comme des bûches mises dans la cheminée pour faire du feu. Mais, vous le savez bien, pour faire du feu, c'est-à-dire pour faire de l'énergie, il faut aussi l'oxygène qui est dans l'air. C'est pour cela que l'on se sert d'un soufflet pour faire partir le feu et augmenter la taille des flammes dans une cheminée. Eh bien, dans notre corps, pour brûler le sucre et les graisses, il faut aussi utiliser l'oxygène qui est dans l'air, et cet oxygène doit aller partout dans tous les muscles. Et là encore, c'est par le sang qu'il passe !

Vincent — Mais il n'y a pas d'air dans le sang !

Oncle Henri — C'est vrai ! D'où vient l'oxygène qui est dans notre corps ?

Marie — Des poumons, quand on respire.
Oncle Henri — Tout à fait : l'air arrive dans les toutes petites alvéoles du poumon (qui sont comme des petites bulles) et là, le sang, qui est tout proche de la paroi des alvéoles, récupère l'oxygène. Et comme tu le disais justement, Vincent, il n'y a pas de bulle d'air dans le sang. Le sang récupère l'oxygène dans les globules rouges. Ce sont eux qui lui donnent sa couleur rouge.
Vincent — Mais comment fait le globule rouge pour récupérer l'air ?
Oncle Henri — Le globule est rouge parce qu'il contient beaucoup de produits rouges qu'on appelle « hémoglobine ». L'hémoglobine est comme une toute petite pince avec du fer au bout, qui accroche l'oxygène dans les poumons et le détache chaque fois que le globule s'approche du muscle qui en a besoin. Le sucre ou les graisses brûlent au contact de l'oxygène dans le muscle. Et comment le globule rouge qui a reçu l'oxygène du poumon va-t-il aller dans tout le corps ? Vous souvenez-vous de ce que je vous avais dit lorsqu'on avait étudié les organes du poulet ?
Marie — Je me souviens que le sang, après le poumon, retourne dans le cœur.

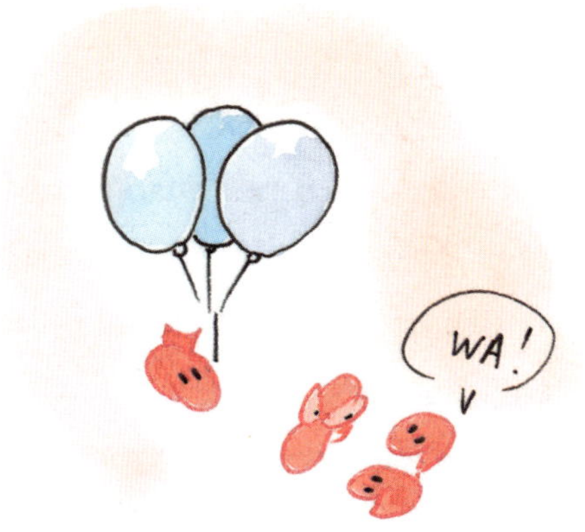

Oncle Henri — Eh oui ! tu as raison ! Le sang oxygéné retourne dans le cœur du côté gauche pour être renvoyé dans toute la circulation par la grande artère qu'on appelle « aorte ». Le sang va irriguer le corps et délivrer de l'oxygène. Au retour, les globules rouges qui contiennent de l'hémoglobine sans oxygène remontent par les veines jusqu'au côté droit du cœur. Le cœur envoie ce sang sans oxygène vers les poumons et là, à nouveau, les globules rouges s'enrichissent d'oxygène et reviennent du côté gauche. Vous vous souvenez ? Le cœur est composé de deux pompes. Une pompe à droite qui envoie le sang vers le poumon et une pompe à gauche qui envoie le sang vers tout le corps.

Vincent — C'est pour cela que le sang circule dans les artères et dans les veines ?

Oncle Henri — Oui, le sang est le grand transporteur. Il transporte des protéines pour fabriquer tout notre corps, des sucres et des graisses pour avoir de l'énergie et de l'oxygène porté par les globules rouges pour activer cette énergie.

Marie — Combien de temps cela met pour pouvoir faire tout le tour du poumon jusqu'au cœur, du cœur jusqu'au bout du corps, du bout du corps jusqu'au cœur et du cœur jusqu'au poumon ?

Oncle Henri — Il faut à peu près vingt minutes pour que ce qui est injecté dans une veine se retrouve bien réparti dans tout le corps.

Marie — Oh ! c'est long !

Oncle Henri — Eh oui, c'est un transport qui est lent comme le transport fluvial : les péniches sont plus lentes que les voitures.

Vincent — Oui, mais on peut mettre beaucoup plus de choses dans une péniche.

Oncle Henri — Ah ! ça, tu as raison ! Le transport par le sang est lent, mais le sang contient beaucoup de choses.

Vincent — Alors j'ai compris. Il faut que je mange beaucoup de sucres et beaucoup de graisses pour avoir beaucoup d'énergie.

Oncle Henri — Eh non ! Je t'ai dit qu'il faut d'abord avoir des muscles. Donc il faut manger aussi des protéines pour faire des muscles. Et puis si tu mangeais beaucoup de graisses, tes artères pourraient se boucher. Elles transporteraient alors beaucoup moins de choses et si, par malheur, elles se bouchaient complètement, ce serait très dangereux car une partie de ton corps n'aurait plus de sang et mourrait. D'autre part, les graisses empêchent d'utiliser efficacement le sucre, notamment dans le muscle. Alors, pour garder de l'énergie, le sang doit transporter plus de sucre, ce qui provoque un diabète.

Marie — Mais c'est quoi, un diabète ?

Oncle Henri — Le diabète, c'est avoir trop de sucre dans le sang. Quand on mange trop de graisse, on devient gros et on risque d'être diabétique. Il faut manger équilibré. Tous les sportifs le savent bien, ils suivent des régimes très stricts.

Vincent — Moi aussi je voudrais avoir un régime comme les grands sportifs !

Oncle Henri — Je crois que ta maman te donne ce qu'il faut. Des légumes, des fruits, des pâtes, de la viande, du lait : tout cela est très bon. Et comme boisson, il vaut mieux prendre de l'eau que du soda. Trop de sel, trop de graisse, trop de sucre… cela n'est pas bon pour le corps.

Marie — Et les desserts ?

Oncle Henri — C'est la même chose : un peu de dessert, mais pas trop, car le dessert contient beaucoup de sucre.

Vincent — Ah ! je comprends ! Il faut manger un peu de tout pour que le sang apporte un peu de tout dans notre corps.

Oncle Henri — Voilà pourquoi on doit avoir une alimentation équilibrée. Tu as tout compris ! Le sang sert à beaucoup d'autres choses...

Les enfants — À quoi par exemple ?

Oncle Henri — Revenez dimanche après-midi : nous ferons quelques expériences sur le sang !

Pourquoi le sang coagule quand on se blesse ?

Une fois les enfants arrivés à la maison, leur maman leur demande de faire leurs devoirs pour lundi matin. Mais avant, Vincent et Marie lui racontent leur discussion avec Oncle Henri et le rendez-vous du dimanche. Chaque samedi, ils vont toujours au marché avec maman et font du sport l'après-midi avec leurs parents. Il faut donc faire les devoirs dès ce soir. Tandis qu'ils se mettent au travail, leur père fait du bricolage. Il sort tous les outils : marteaux, pinces, rabots, tournevis, clous, perceuse électrique, couteaux à bois… Tout est dispersé sur le

sol du garage. Alors que les enfants se concentrent sur leurs devoirs, leur papa pousse un cri. Toute la famille se précipite pour lui porter de l'aide. Il s'est coupé profondément la main avec un couteau et cela saigne beaucoup. Il file vite dans la salle de bains pour nettoyer la plaie. L'eau du lavabo est toute rouge. Maman appelle le docteur Doré qui lui dit de venir tout de suite avec son mari.

Maman — Es-tu prêt ? On part tout de suite chez le docteur Doré !

Papa — Mais on ne va pas laisser les enfants avec tous les outils dispersés ! Ils risquent de se faire très mal et les instruments électriques sont très dangereux.

Maman — Alors on part tous ensemble !

Les voilà partis chez le médecin sans perdre une minute car le sang coule malgré le pansement fabriqué avec un mouchoir. Une fois qu'ils sont arrivés, le docteur Doré regarde tout de suite la plaie.

Dr Doré — La main est bien entaillée. Il faut tout d'abord nettoyer la plaie, car la moindre saleté l'empêcherait de cicatriser et provoquerait une infection.

Il met la main de papa sous le robinet, ouvre largement la plaie et nettoie. Cela saigne encore beaucoup. Puis le docteur verse dans la plaie un produit qui désinfecte mais ne pique pas. Après avoir mis des gants et désinfecté toute la main avec un produit spécial, il prend une aiguille fine à laquelle est accroché un fil. Il recoud la main en rapprochant les deux bords de la plaie.

Dr Doré — Alors, vous voyez, les enfants, je suis une vraie couturière ! Je fais des points de suture pour dire que je fais des points de couture.

Marie — Ah oui ! tu fais mieux que maman ! Mais tu n'as pas de dé à coudre…

Dr Doré — Non. Je prends le bout de l'aiguille non pas avec le doigt mais avec une pince. Et tu vois, l'aiguille est courbe, cela permet de mieux rapprocher les deux bords de la plaie.

Vincent — Mais le fil est tout fin, on le voit à peine.

Dr Doré — C'est pour cela que le fil est accroché à l'aiguille car si j'avais dû mettre le fil dans l'aiguille, il m'aurait fallu une loupe.

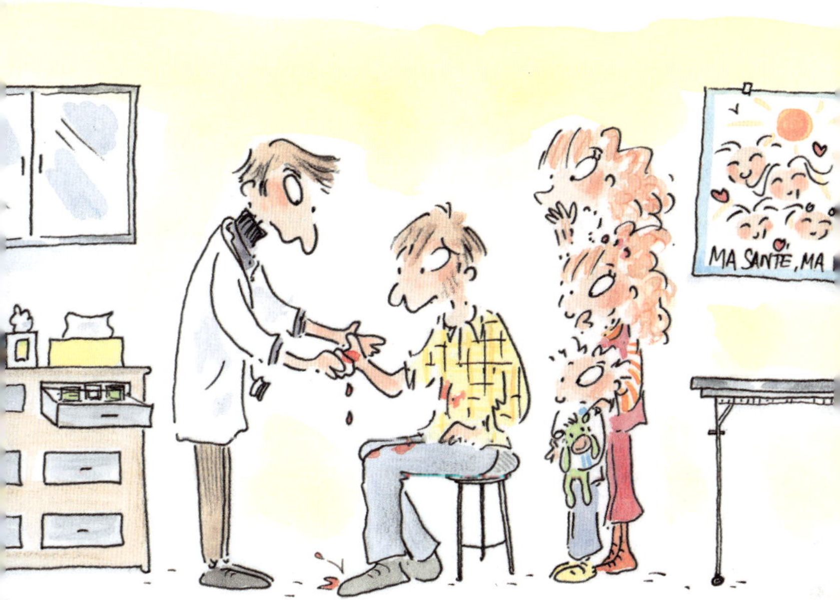

Marie, soudain inquiète — Mais papa a perdu beaucoup de sang, il ne doit plus en rester !

Dr Doré — Combien de litres de sang a ton père ? En as-tu idée ?

Marie — Un litre !

Dr Doré — Non, il a cinq litres de sang.

Vincent — Et moi ?

Dr Doré — Combien pèses-tu ?

Vincent — Je pèse vingt-cinq kilos.

Dr Doré — Tu dois avoir à peu près deux litres de sang.
Marie — Et papa, il a perdu combien de sang ?
Dr Doré — Oh, il a dû perdre à peu près l'équivalent d'un ou deux verres, ce qui représente un ou deux dixièmes de litre. Tu vois, il lui en reste encore beaucoup. Et il va refabriquer ce sang très rapidement.
Vincent — Mais où se fabrique le sang ?
Dr Doré — Ah ! ça, c'est une bonne question ! Dans le sang, tu as de l'eau, car c'est liquide, et de l'eau il y en a un peu partout dans le corps, et puis il y a les globules, comme les globules rouges.
Marie — Oui, je sais, ils portent l'oxygène.
Dr Doré — Tu es bien savante ! À côté des globules rouges, il existe aussi des globules blancs. Et sais-tu où sont fabriqués tous ces globules ?
Vincent — Dans le sang.
Dr Doré — Non, ils sont fabriqués dans la moelle des os, tu sais, la moelle du pot au feu qui se trouve au milieu des os. Eh bien, c'est là que sont fabriqués les globules.
Marie — Ça alors !
Vincent — Et on en fabrique beaucoup ?
Dr Doré — Dans mon corps, j'ai à peu près vingt mille milliards de globules rouges.

Vincent et Marie — Ça fait beaucoup ?

Dr Doré — Oh oui ! ça fait beaucoup ! Et chaque jour j'en fabrique près de 200 milliards ce qui veut dire que, chaque seconde, je fabrique 2 millions et demi de globules, car les globules rouges ne vivent que cent vingt jours.

Vincent — Et moi, j'en fabrique combien par seconde ?

Marie — Mais où vont-ils quand ils sont morts ?

Dr Doré — Doucement, chacun sa question. Eh bien, toi tu en fabriques près de un million toutes les secondes. Quand ils sont morts, ils sont repris dans la moelle et dans la rate.

Marie — Qu'est-ce qu'ils deviennent quand ils sont morts ?

Dr Doré — Ils sont détruits et le fer est récupéré.

Marie — Ah oui ! je sais ! Le fer qui est porté par l'hémoglobine.

Dr Doré — Tu en sais des choses ! Donc, le fer est récupéré pour fabriquer de nouveaux globules rouges et l'hémoglobine est détruite. Elle est rouge, puis bleue,

puis jaune puis se détruit en petits morceaux sans couleur.

Marie — Ah, c'est pour cela que lorsqu'on se cogne ça devient rouge, puis bleu, puis marron, puis ça disparaît.

Dr Doré — Eh oui, mais lorsque tu te fais un bleu, tu vois se succéder ce changement de couleur sous ta peau et en près de trois semaines, la couleur de peau revient tout à fait normale.

À ce moment, papa intervient :

— Je ne saigne plus. Merci, docteur.

Vincent — Et pourquoi papa ne saigne plus alors que le sang coule dans les vaisseaux ?

Dr Doré — Parce que le sang coagule.

Marie — C'est quoi, « coaguler » ?

Dr Doré — Coaguler, veut dire que le sang n'est plus liquide mais devient solide. Il se transforme en une croûte rouge que l'on appelle un « caillot ».

Vincent — Mais comment le sang sait qu'il doit couler dans les vaisseaux et coaguler quand on a une blessure ?

Dr Doré — C'est extrêmement important car si le sang coagulait dans les vaisseaux, ce serait très grave. Il n'y aurait plus de sang pour nourrir le corps et les parties qui sont alimentées par le sang seraient mortes.

D'ailleurs, quand une artère se bouche, on appelle cela un « infarctus », ce qui veut dire « mort » de la partie irriguée par le sang. Infarctus du cerveau si cela touche le cerveau, ou infarctus du myocarde si cela touche le muscle du cœur.

Vincent — Mais c'est grave alors ?

Dr Doré — Oui, c'est très grave.

Marie — Mais comment cela peut se boucher ?

Dr Doré — Regarde, ton papa s'est fait une blessure, et toi aussi quand tu te blesses, tu saignes. Tu comprimes pour empêcher de saigner et très vite, des plaquettes viennent se mettre au niveau de la plaie.

Marie — Des plaquettes ? Comme des plaquettes de chocolat ?

Dr Doré — Dans le sang, à côté des globules rouges et des globules blancs, il y a aussi des plaquettes, des tout

petits morceaux de cellules spécialisées pour s'accrocher sur les plaies. Les plaquettes font un premier barrage pour empêcher de saigner. Mais cela ne suffit pas, il faut ensuite vraiment boucher solidement là où cela saigne. Pour cela, il existe dans le sang des petites fibres, comme des fibres de coton, que l'on appelle « fibrine ». Grâce à de multiples petits outils invisibles, qu'on appelle « facteurs de coagulation », ces fibres s'accrochent, se mettent en peloton et bouchent le vaisseau. D'ailleurs, un de ces outils manque chez les hémophiles et c'est pour cela qu'ils saignent très souvent, car ils ne peuvent pas boucher les vaisseaux qui saignent. Cet outil s'appelle le « facteur antihémophilique ».

Marie — Pourquoi les plaquettes ne s'accrochent pas dans les artères ?

Dr Doré — Elles ne s'accrochent que si la paroi de l'artère n'est pas lisse par exemple, à cause de plaques de graisse qui sont comme des monticules et qui se forment progressivement parce que l'on a mangé trop gras. On les appelle « plaques d'athérome ».

Vincent — Je sais : avoir trop de graisse, c'est dangereux car les artères se bouchent, c'est Oncle Henri qui nous l'a dit.

Dr Doré — Oui, et c'est pour éviter ces infarctus qu'on donne de l'aspirine à petites doses aux personnes à riques, car l'aspirine empêche les plaquettes de s'accrocher.

Marie — Mais alors, s'ils se font une blessure, ils vont saigner beaucoup ?

Dr Doré — Oui, ils saignent s'ils se blessent et ils doivent comprimer très fort.

Vincent — C'est difficile de savoir quand le sang doit rester liquide et quand il doit coaguler.

Dr Doré — C'est difficile et bien compliqué. Il est vraiment très important que le sang reste liquide dans le corps. Et lorsqu'il y a une blessure, les plaquettes font un premier barrage en trois à quatre minutes et les vaisseaux coupés envoient un signal pour démarrer toute la mécanique de la coagulation, qui se termine par le bouchon de fibrine. Et à chaque étape de cette mécanique, il faut du calcium.

Vincent — C'est quoi, le « calcium » ?

Dr Doré — Le calcium est un sel. Le sel que tu manges s'appelle le « sodium ». Le calcium est un sel qui sert surtout pour fabriquer des os mais il est très utile aussi pour coaguler. Par exemple, quand on veut garder du sang liquide pour le transfuser, on enlève le calcium et le sang ne coagule plus.

Dr Doré, se retournant vers papa — Bon, maintenant, vous êtes guéri ?

Papa — Ah oui ! je vais beaucoup mieux ! Merci, docteur Doré. Allez, les enfants, on rentre, il est temps.

Vincent et Marie — Oh non ! on a encore beaucoup de questions !

Dr Doré — Il est tard, il faut que vous alliez dîner et vous coucher. À bientôt ! Revenez me montrer cette méchante plaie, je vérifierai que tout va bien !

Pourquoi on n'a pas tous le même sang ?

Le lendemain matin, Vincent, Marie et leur maman vont au marché. Sur le chemin, ils passent devant un homme assis au bord du trottoir derrière une pancarte « Pour manger SVP » et un petit gobelet pour recueillir de l'argent. Vincent demande à sa mère pourquoi il n'a pas à manger. Sa mère lui dit que malheureusement il n'a probablement pas de travail et s'il n'a pas de travail il ne peut pas se loger, ni se nourrir.

Maman — C'est pour cela qu'il nous demande de l'aider.

Arrivés au marché, ils achètent tout ce dont ils ont besoin. Au fond de la place est stationné un gros camion sur lequel est écrit « Don du sang. Centre de transfusion sanguine ».

Maman — Regardez, les enfants, c'est aujourd'hui la collecte de sang, je vais aller donner mon sang.

Vincent — C'est quoi, « donner son sang » ?

Maman — On donne son sang en faisant une piqûre dans la veine au niveau du coude et mon sang servira à d'autres personnes.

Vincent — Qui sont ces personnes qui en ont besoin ?

Maman — Ceux qui ont perdu du sang ou qui n'en fabriquent pas.

Vincent — Ah ! Papa a peut-être besoin de sang parce qu'il en a perdu beaucoup hier.

Maman — Non, il n'a pas perdu beaucoup de sang ! Il n'a pas besoin de transfusion.

Marie — Mais s'il avait perdu beaucoup de sang, alors lui aurais-tu donné ton sang ?

Maman — Ce n'est pas possible car il faut avoir le même sang.

Vincent — Mais le sang, il est rouge et pareil pour tout le monde !

Maman — Non, on a des groupes différents… Tu demanderas dans le camion, ils t'expliqueront mieux que moi. Bon, j'y vais !

Elle s'approche du camion et demande si les enfants peuvent venir avec elle. Marie et Vincent montent et on les installe autour d'une table ; une dame leur propose des petits gâteaux. Maman, après avoir discuté avec le docteur du camion, s'installe sur un grand fauteuil. Un infirmier lui met une aiguille dans la veine du coude, après avoir désinfecté la peau et mis un brassard qui serre le bras pour faire grossir la veine. Et voilà : le sang coule dans un flacon. Vincent s'approche du docteur du camion :

— Combien de sang tu prends à maman ?

Le docteur — Trois cents millilitres, c'est un peu moins d'un tiers de litre.

Vincent — Et pourquoi le sang ne coagule pas dans le flacon ? C'est parce que tu as retiré le calcium ?

Le docteur — Eh bien, tu en sais des choses ! Oui, on empêche le sang de coaguler, car on a mis un produit dans le flacon qui enlève le calcium.

Vincent — Et moi, tu pourrais me prendre mon sang pour le donner ?

Le Docteur — Ah non ! On ne le prend pas aux enfants ni aux personnes âgées. Et pour ceux qui donnent leur sang, on vérifie qu'ils n'ont pas de maladies que l'on pourrait transmettre aux autres. On parle avec le donneur pour savoir s'il n'a pas de maladies et on fait des tests sur son sang.

Marie — Maman m'a dit qu'on ne peut pas donner son sang à tout le monde, que les sangs sont différents.

Le docteur — Ah ! tu veux parler des groupes sanguins ! Les globules rouges ont comme des petites étiquettes sur leur surface. Un globule rouge peut avoir une étiquette A ou une étiquette B ou pas d'étiquette : dans ce cas, on l'appelle O. Et, pour être plus précis, chaque globule a deux types d'étiquettes, ça peut être alors AA, AO, BB, BO, AB ou OO. Cela fait six catégories.

Marie — Et pourquoi il y a deux types d'étiquettes ?

Le docteur — Parce qu'il y en a une qui vient de son papa et l'autre qui vient de sa maman.

Les enfants demandent à leur mère son groupe.

Maman — Je suis A +.

Le docteur — Alors, vous voyez, votre maman est A, ce qui veut dire qu'elle peut être soit AA, soit AO. Et quand on est A, on réagit contre le sang qui est B. Dans le sang de quelqu'un qui est A, il existe des produits toxiques appelés « anticorps » qui font éclater les globules B. À l'inverse, si on est B, on réagit contre le sang qui est A. Si on est O, on réagit contre les globules A et contre les globules B. Et si on est AB, eh bien, on ne réagit contre aucune transfusion, on est « receveur universel ». Je vais vous poser une question pour voir si vous avez bien compris... Si on propose à quelqu'un du sang O, ce qui veut dire qu'il est OO, qui réagit contre lui ?

Marie réfléchit :

— Ce n'est ni A, ni B, ni AB, ni O. Mais alors, personne n'a de produit toxique contre O ? Tout le monde peut recevoir du O.

Le docteur — C'est très bien, on dit qu'il est « donneur universel ».

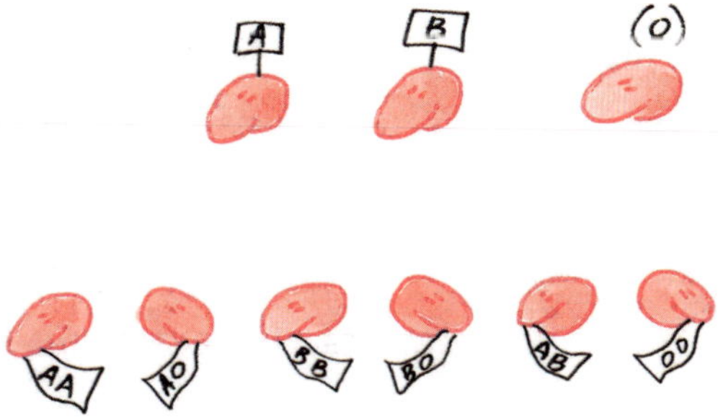

Vincent — Et maman a dit qu'elle était « A plus ». C'est quoi, « plus », c'est qu'elle est plus forte ?

Le docteur — Humm… Il existe d'autres étiquettes qui s'appellent « plus » ou « moins ». Ces étiquettes, on les a trouvées grâce au singe Rhésus. C'est pourquoi on dit « Rhésus positif » ou « Rhésus négatif », ou plus simplement « plus » ou « moins ».

Vincent, étonné — Un singe Rhésus ?

Le docteur — Parce qu'on a fait des expériences au laboratoire et qu'on a trouvé ce groupe grâce à des expériences sur le singe, qui s'appelle Rhésus.

Vincent — Alors, si maman est « plus », qu'est-ce que cela veut dire ?

Le docteur — Quand on est « plus », on ne réagit pas contre le « moins ». Mais si on est « moins », on réagit contre le « plus ». On ne réagit pas à la première transfusion, mais on réagira les fois suivantes.

Marie — Alors vous collectez tous les sangs et vous les choisissez pour les distribuer à ceux qui ne feront pas de réaction…

Le docteur — Oui, c'est pour ça qu'il existe une Banque de sang. Ce n'est pas de l'argent que l'on y distribue mais du sang.

Vincent — Mais à qui donnes-tu le sang ?

Le docteur — À ceux qui ont une anémie, ce qui signifie qu'ils ont un manque de globules rouges, soit parce qu'ils ont saigné, soit parce qu'ils ont une maladie qui fait qu'ils ne fabriquent pas de sang.

Marie — Ceux qui ne fabriquent pas de globules rouges, ils ont une maladie de la moelle osseuse.

Le docteur — Exactement, bravo ! La plus grave de ces maladies est la leucémie.

Marie — Et les bébés dans le ventre de leur maman, comment ont-ils du sang ? C'est leur maman qui leur donne les globules ?

Le docteur — Non, ils les fabriquent eux-mêmes, non pas dans l'os mais dans le foie.

Vincent et Marie voudraient poser encore beaucoup d'autres questions mais le docteur leur dit qu'il y a d'autres personnes qui attendent pour qu'on prenne leur sang. Maman a fini de donner son sang. On lui propose un sandwich qu'elle met dans son panier en disant qu'elle le prendra plus tard et tout le monde repart. Sur le chemin du retour, ils retrouvent la même personne sur le bord du trottoir.

Vincent — Maman, tu as donné ton sang pour ceux qui en manquent, est-ce qu'on pourrait donner le sandwich à ce monsieur qui n'a pas à manger ?

Maman — Ah ! tu as une très bonne idée ! Il faut toujours donner ce qu'il faut à ceux qui en ont besoin. Certains ont besoin de sang et d'autres ont besoin de manger.

Vincent prend le sandwich et le donne au monsieur.

Le monsieur — Merci beaucoup, mon petit gars.

Pourquoi existe-t-il différents types de globules dans le sang ?

Le lendemain, voilà Marie et Vincent repartis chez Oncle Henri pour faire les expériences sur le sang, comme il leur avait promis. C'est toujours le même bazar chez leur oncle ! Des fioles, des tubes à essais jalonnent la pièce et la petite souris Denise se promène au milieu de ce désordre ! Oncle Henri a préparé trois longs tubes de verre tout fins, contenant du sang, posés verticalement. Il y a aussi d'autres petits tubes et des lames comme celles qu'il leur avait montrées lorsqu'il leur avait parlé des cellules.

Marie — Ah ! je me souviens de ces lames que tu avais faites à partir du sang de Denise sans lui faire de mal. Tu nous avais montré les globules rouges qui ressemblent à des petites pizzas !

Oncle Henri — Tu as une bonne mémoire !

Puis il leur montre tout d'abord ces grands tubes tout fins contenant du sang :

— Vous voyez, les enfants, je viens de mettre du sang dans ce premier tube. J'en ai aussi mis dans ce deuxième tube il y a une heure et dans ce troisième tube il y a deux heures. Que voyez-vous ?

Vincent — Dans le premier tube, le sang est tout rouge ; dans le deuxième et le troisième, il y a une partie qui est jaune et une partie qui est rouge.

Oncle Henri — Très bien. On dit que les globules rouges « sédimentent », c'est-à-dire qu'ils tombent et laissent au-dessus du liquide que l'on appelle le « plasma ». Que voyez-vous d'autre ?

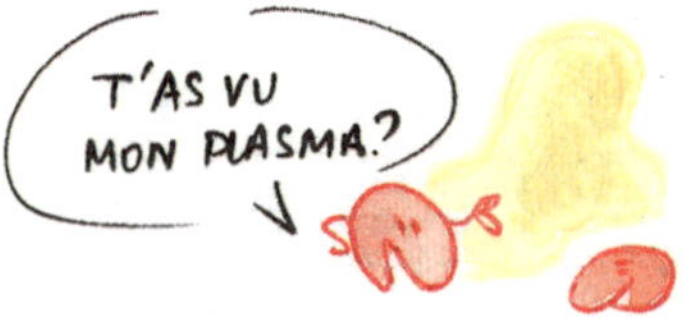

Marie — Je vois qu'il y a plus de liquide jaune dans le tube où tu as mis le sang il y a deux heures que dans celui où tu l'as mis il y a une heure.

Oncle Henri — Eh oui ! Les globules rouges sédimenteraient encore plus si j'attendais plus longtemps. Les médecins regardent la vitesse de sédimentation, c'est-à-dire qu'ils calculent la hauteur en millimètres de plasma après une heure et après deux heures. Si on a trop de globules rouges, cela sédimente peu et au bout d'une heure, il n'y a pratiquement pas de plasma visible. Si, par contre, on manque de globules rouges, on voit une hauteur plus grande, c'est-à-dire une augmentation de la vitesse de sédimentation. Et, encore une autre possibilité, si une personne a trop de produit visqueux à l'intérieur du sang, cela sédimente rapidement. Par exemple, si elle a une inflammation ou une infection, cela modifie les produits dans le plasma et les globules sédimentent plus vite. Normalement, la vitesse de sédimentation, c'est-à-dire la hauteur du plasma est inférieure à dix millimètres à la première heure. Et savez vous ce qu'y a-t-il dans le plasma ?

Marie — Tout ce que transporte le sang ?

Oncle Henri — Oui, mais soyons plus précis. Il y a surtout de l'albumine.

Vincent — C'est quoi, l'« albumine » ?

Oncle Henri — L'albumine est une protéine qu'on trouve aussi dans le blanc d'œuf. D'ailleurs, « alb » veut dire « blanc ». Il en existe soixante grammes par litre de sang. Et puis il y a des anticorps, qu'on appelle « gammaglobulines ».

Vincent — C'est quoi, les « anticorps » ?

Oncle Henri — Nous en reparlerons tout à l'heure quand je vous expliquerai les globules blancs car ils sont fabriqués par certains globules blancs. Ils permettent de nous défendre contre tout ce qui est étranger à notre corps, notamment les microbes.

Marie — Et contre les globules des autres qu'on transfuse ?

Oncle Henri — Oui, oui, tu es très savante ! Il y en a entre dix et quinze grammes et puis il y a aussi les petites fibres pour coaguler cinq grammes.

Marie — Je sais, c'est de la fibrine !

Oncle Henri — Bravo ! Puis, comme dans la cuisine, il y a du sel, le même que celui qu'on trouve dans l'eau de mer – il y en a neuf grammes par litre –, du sucre – 1 gramme par litre –, des graisses.

Marie — Et puis du calcium.

Oncle Henri — Oui, du calcium et du fer en réserve pour fabriquer l'hémoglobine. Le sang contient aussi des déchets, c'est-à-dire ce qui reste une fois que les sucres et les graisses ont été brûlés pour faire de l'énergie. Ou encore ce qui est mort et qui est remplacé en permanence, car le corps se renouvelle tout le temps. Les déchets des protéines, comme l'urée, seront évacués dans les urines. Le rein élimine d'autres produits, comme la créatinine. Son dosage dans le sang permet de voir si le rein fonctionne bien. Le rein rejette encore, l'acide urique, qui est le déchet des noyaux des cellules. Et puis dans le sang circulent en toute petite quantité des messagers qui vont d'un organe à un autre, on les appelle les « hormones ». La plus connue des hormones est l'insuline, car elle garde le taux de sucre stable à un gramme par litre. Le taux de sucre dans le sang s'appelle la « glycémie ». Mais d'autres hormones, notamment celles fabriquées par la thyroïde, par l'hypophyse et encore par d'autres glandes, sont transportés par le sang.

Marie — Oui, je me souviens ! Il y a même les hormones pour faire les petits bébés.

Oncle Henri — C'est bien. Passons à la deuxième expérience. J'ai mis du sang dans le petit tube et je l'ai laissé depuis hier. Que voyez-vous ?

Vincent — Il y a un gros caillou de sang qui flotte.

Oncle Henri — C'est un caillot de sang. Pour fabriquer ce caillou, tous les facteurs de coagulation ont bien fonctionné et les fibres de fibrine ont pris dans leurs mailles tous les globules rouges. Le caillot est tout rouge et il flotte dans quoi, ce caillot ?

Marie — Dans le plasma.

Oncle Henri — Tu as presque raison, mais ce liquide s'appelle du « sérum ». Le plasma est le liquide du sang, sans les globules et le sérum est ce qui reste après qu'un caillot de sang a été fabriqué. Dans le sérum, il n'y a plus de fibrine et il manque certains facteurs pour coaguler car ils sont pris dans le caillot, alors qu'ils sont présents dans le plasma. Sais-tu quel est le volume total des globules rouges et le volume de plasma dans le sang ?

Vincent — C'est la moitié.

Oncle Henri — C'est presque la moitié, on dit qu'il y a 45 % de volume de globules rouges et 55 % de volume de plasma. On se sert souvent de ce pourcentage pour voir s'il y a trop ou pas assez de globules rouges. On appelle cela l'« hématocrite ».Vous savez pour surveiller certains sportifs qui prennent de l'EPO (qui est une hormone pour faire pousser les globules rouges), on dose l'hématocrite. S'il est élevé, c'est qu'ils ont pris de l'EPO et on dit qu'ils se sont « dopés ». Pour les savants, l'EPO s'appelle « érythropoïétine ».

Marie — S'ils se dopent, ils faussent le jeu.

Oncle Henri n'entend pas la réflexion de Marie, car il reste préoccupé par ses expériences :

— Maintenant, passons à la troisième expérience. Vous vous souvenez, je vous avais montré des globules rouges au microscope lorsqu'on avait fait un étalement du sang sur une lame. Eh bien, cette fois, j'ai coloré la lame.

Vincent — Tu as pris des crayons de couleur ?

Oncle Henri — Non, je l'ai fait tremper dans des liquides qui colorent les globules rouges en rouge et les globules blancs en bleu ciel.

Oncle Henri place la lame sur le microscope, met celui-ci au point et demande à Vincent :

— Que vois-tu ?

Vincent place son œil sur le microscope – il a du mal à fermer l'autre œil pour bien voir…

Vincent — Je vois beaucoup de globules rouges !

— Ah oui ? dit Oncle Henri, et quoi d'autre ? Qu'y a-t-il au centre ?

Vincent — Je vois une sorte de petit ballon dégonflé, bosselé, avec plusieurs petites balles au milieu plus foncées.

Oncle Henri — C'est un globule blanc et il y en a un pour mille globules rouges. Celui-ci, il a plusieurs petites boules à l'intérieur, on dit qu'il est « polynucléaire » c'est-à-dire qu'il a plusieurs noyaux.

Marie — Ah oui ! je sais ! Le noyau, c'est le cerveau des cellules, tu nous l'avais appris lorsqu'on avait étudié les cellules.

Oncle Henri — C'est cela !

Marie — Mais une cellule ne peut pas avoir plusieurs noyaux ! Tu nous avais dit qu'il n'en existe qu'un par cellule.

Oncle Henri — Tu as raison, ce globule a un seul noyau, mais il est pelotonné en plusieurs endroits, ce qui fait croire qu'il y en a plusieurs.

Oncle Henri montre aux enfants un autre globule blanc, cette fois-ci tout rond avec une grosse balle foncée à l'intérieur, toute ronde aussi et qui prend toute la place, et leur dit que celui-ci s'appelle un « lymphocyte ».

Vincent — Mais à quoi ils servent, ces globules blancs ?

Oncle Henri — Le premier que tu as vu, le polynucléaire, il mange les microbes, notamment des bactéries quand tu as une infection. Par exemple, ton papa, après s'être coupé, risquait d'avoir des microbes dans sa plaie : eh bien, les polynucléaires ont mangé les microbes. Quand beaucoup de polynucléaires meurent par indigestion, cela donne du pus, ce liquide jaune qui se trouve dans les abcès.

Marie — Oui, je sais. Un jour, j'avais arraché un bout d'ongle d'un de mes orteils et après j'ai eu très mal. Il y avait une petite boule jaune. Le docteur Doré me l'a ouverte, il est sorti du liquide jaune, c'était du pus. Il a désinfecté l'orteil et j'ai été guérie.

Oncle Henri — Eh bien voilà, c'était un abcès, et le liquide jaune contenait les polynucléaires morts à la bataille contre les microbes. C'est pour cette raison que le nombre de polynucléaires, et donc le nombre total de globules blancs, augmente dans le sang si la personne a une infection. Cela se voit sur la prise de sang.

Vincent — Et les lymphocytes ?

Oncle Henri — Les lymphocytes nous défendent eux aussi contre les microbes, notamment les virus, mais là, c'est une armée très intelligente. Ils se servent tout d'abord d'un service de renseignements qui se trouve partout dans le corps et que l'on appelle des « macrophages », parce qu'ils sont gros (macro) et qu'ils mangent (phage). Mais ces cellules ne mangent pas comme les polynucléaires, elles mangent tout ce qui passe, découpent en petits morceaux ce qu'elles

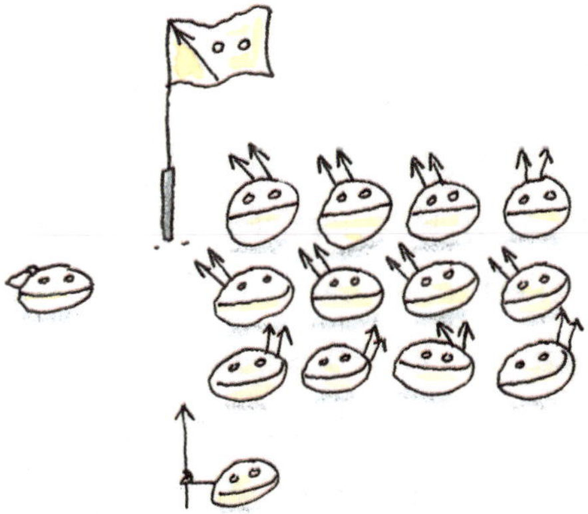

avalent, et si elles constatent qu'il y a quelque chose qui est différent de ce qui est dans le corps, elles le considèrent comme un ennemi et cherchent sa particularité. Ils préviennent les généraux, que l'on nomme lymphocytes CD4. Ceux-ci ordonnent de tuer tous ceux qui portent cette particularité.

Marie — Et comment fait le lymphocyte pour tuer l'ennemi ?

Oncle Henri — Le lymphocyte a deux moyens pour tuer. Il peut lancer des fléchettes contre cette particularité. Les fléchettes s'appellent des « anticorps » et la particularité s'appelle un « antigène ». D'autres lymphocytes, appelés CD8, vont s'accrocher sur cet antigène et faire éclater la cellule. On appelle toute cette machinerie de noms compliqués. Par exemple, les malades qui ont le sida n'ont plus de lymphocytes CD4 ne peuvent donc plus se servir des renseignements et sont donc incapables de se défendre contre les microbes et les virus.

Vincent — C'est une vraie armée, avec des espions qui cherchent les ennemis, un roi et ses généraux qui reçoivent tous les renseignements, les archers qui lancent des fléchettes et des chevaliers qui percent avec leur lance. Et dans le sida, il n'y a plus ni le roi ni les

généraux et donc ils ne peuvent plus faire la guerre contre les ennemis…

Oncle Henri — Eh bien, tu as tout compris. Et dans le sang, une cellule joue le rôle du macrophage-espion. Attends je vais te la chercher.

Oncle Henri reprend son microscope, cherche une cellule qui a plutôt l'aspect d'un carré déformé avec une boule à l'intérieur, le noyau, qui ne prend pas toute la surface du globule et qui n'est pas non plus en petite boule et la montre à Vincent et Marie :

— Cette cellule s'appelle le « monocyte », c'est le macrophage du sang. Alors, vous voyez, les enfants, on a vu les globules rouges, les globules blancs avec les polynucléaires, les lymphocytes et les monocytes. Maintenant, regardez attentivement, il y a d'autres petits points, tous petits.

Vincent — Montre, montre, montre !

Il regarde et voit des petits points un peu partout. Tandis que Marie regarde à son tour, Oncle Henri leur explique que ce sont les plaquettes :

— Ce sont les bouche-trous des plaies. Elles ferment les vaisseaux qui saignent. Les plaquettes sont aussi fabriquées dans la moelle osseuse.

Alors que Marie continue d'oberver dans le microscope, Vincent commence à se dissiper et à titiller Denise…

Oncle Henri — Les enfants, je crois que vous en savez bien assez sur le sang ! Il est temps de rentrer chez vous !

Marie et Vincent, en chœur — On va avoir beaucoup de choses à expliquer à Papa et Maman !

À faire soi-même

L'analyse de sang

La maman de Marie et de Vincent est allée chercher le résultat de la prise de sang de leur papa et le ramène à la maison. Que lit-on ?

Globules rouges (hématies)	4 000 000
Globules blancs (leucocytes)	5 000
Polynucléaires	65 %
Lymphocytes	28 %
Monocytes	7 %
Plaquettes	300 000

Lors d'une analyse de sang, on peut lire aussi le résultat d'autres examens comme la vitesse de sédimentation, la glycémie (sucre), l'urée, la créatinine, les lipides (graisse), les protides (protéine), le sel (NaCl), la calcémie (calcium), le taux de fer, l'albumine, les gammaglobulines (anticorps).

Papa — Que tout ceci et bien compliqué !

Les enfants — Mais non ! Nous, on peut tout t'expliquer ! Tu n'as pas d'infection. Le nombre de globules blancs n'est pas augmenté, alors tout va bien !

À toi de jouer ! Trouve les résultats d'un bilan sanguin chez toi et essaie d'y retrouver les termes figurant dans l'ouvrage !

Pourquoi on ne saigne pas lorsqu'on se coupe un ongle ?

Oncle Henri te propose une expérience toute simple ! Prends un coupe-ongle ou une paire de ciseaux adéquate et coupe-toi un tout petit bout d'ongle : tu ne saignes pas ! Si tu t'érafles la peau en revanche, en tombant par exemple, tu saignes.
Dans les ongles, il n'y a pas de vaisseaux sanguins, comme dans les cheveux d'ailleurs ! Voilà pourquoi tu ne saignes pas en te coupant les ongles !

CRAC
CHIPS

OXY
GENE
SANG & Cie
PROTÉINES
SUCRES
GRAISSES

Index

Sommaire

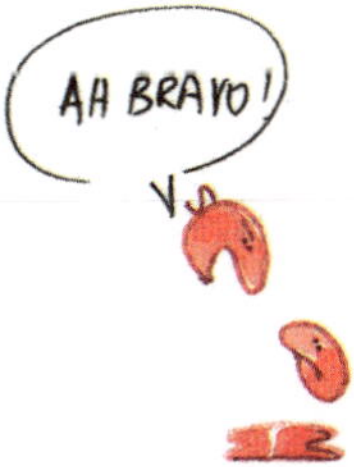

Remerciements

L'auteur et l'éditeur tiennent à remercier : les deux Camille, Elonn, Ambre, Kevin, Clémentine, les deux Manon, Emma, Maïalen, Zakaria, Vanessa, Farid, Chloé, Sylvain, Colin, Ewen, Hawa, Juliette, Louis, Johanna, Dorian, Balthazar, ainsi que Françoise et Domitille, leurs institutrices de CM1, sans lesquels cette minipomme n'aurait pas aussi bien mûri... et sans oublier Guy-Olivier !

Dans la même collection

1. *Le Soleil, notre étoile*

   Roland Lehoucq, illustré par Magali Bonniol.

2. *Mon corps : cent mille milliards de cellules*

   Laurent Degos, illustré par Sophie Jansem

3. *Les petites cases de ma mémoire*

   Francis Eustache, illustré par Odile Graumer

4. *À l'intérieur de l'ordinateur*

   Alain Schuhl, illustré par Stud

5. *Etre vivant : quelle aventure !*

   Louis-Marie Houdebine, illustré par Yann Wehrling

6. *Les atomes de l'Univers*

   Etienne Klein, illustré par Sophie Jansem

7. *La lumière à la loupe*

   Roland Lehoucq, illustré par Stud

8. *Le climat : de nos ancêtres à vos enfants*

   B. Dubrulle, V. Masson-Delmotte, illus. Cécile Gambini

9. *Le monde des microbes*

   John Herrick, illustré par Clotilde Perrin

10. *La gravitation ou pourquoi tout tombe toujours...*

Jean-Philippe Uzan, illustré par Barbara Martinez

11. *Internet : quel drôle de réseau !*

Françoise Virieux, illustré par Sébastien Chebret

12. *La vie d'une étoile*

Alain Bouquet, illustré par Charles Dutertre

13. *Les organes de mon corps*

Laurent Degos, illustré par Sophie Jansem

14. *Tout est chimie !*

C. Joussot-Dubien et C. Rabbe, illus. Yann Fastier

15. *La fabrique des rêves*

Sophie Schwartz, illustré par Cécile Gambini

16. *Le temps qui passe...*

Étienne Klein, illustré par Sophie Jansem

17. *Voyage au pays des nombres*

Benoît Rittaud, illustré par Hélène Maurel

18. *Les expéditions polaires*

V. Masson-Delmotte, G. Jugie, illustré par Yann Fastier

19. *Le surprenant cycle de l'eau*

V. Andreassian, J. Lerat, illustré par Claude Delafosse

20. *Découvrir la vie extraterrestre*

André Brack, illustré par Aurélien Débat

21. Ici l'Univers

Jean-Philippe Uzan, illustré par Pascal Lemaître

22. L'hibernation

François Moutou, illustré par Gwen Keraval

N° d'éditeur : 090362-01/1
Dépôt légal : Mars 2008
Imprimé en Italie